Dieses Buch ist gewidmet:

Allen, die die Welt lustiger und fröhlicher machen wollen.

Allen, die selbst lustiger und fröhlicher werden wollen.

Allen, die lustiger und fröhlicher werden sollten.

Viel Spaß!

Love and Laugh!

Als Vorbereitung vor dem Lesen des Buches bitte dies hier laut nachsprechen:

Haha Hihi Hoho Haha Hihi Hoho Haha Hihi Hoho Haha Hihi Hoho Haha Hihi
Hoho Haha Hihi Hoho Haha Hihi Hoho Haha Hihi Hoho Haha Hihi Hoho Haha
Hihi Hoho Haha Hihi Hoho Haha Hihi Hoho Haha Hihi Hoho Haha Hihi Hoho
Haha Hihi Hoho Haha Hihi Hoho Haha Hihi Hoho Haha Hihi Hoho Haha Hihi
Hoho Haha Hihi Hoho Haha Hihi Hoho Haha Hihi Hoho Haha Hihi Hoho Haha
Hihi Hoho Haha Hihi Hoho Haha Hihi Hoho Haha Hihi Hoho Haha Hihi Hoho
Haha Hihi Hoho Haha Hihi Hoho Haha Hihi Hoho Haha Hihi Hoho Haha Hihi
Hoho Haha Hihi Hoho Haha Hihi Hoho Haha Hihi Hoho Haha Hihi Hoho Haha
Hihi Hoho Haha Hihi Hoho Haha Hihi Hoho Haha Hihi Hoho Haha Hihi Hoho
Haha Hihi Hoho Haha Hihi Hoho Haha Hihi Hoho Haha Hihi Hoho Haha Hihi

| Hoho Haha Hihi | **Warum ruft der Junge immer Hallo?** | Hoho Haha Hihi |

| Hoho Haha Hihi | **Ist wohl die Wirkung vom Hallo-Gen.** | Hoho Haha Hihi |

Hoho Haha Hihi Hoho Haha Hihi Hoho Haha Hihi Hoho Haha Hihi Hoho Haha
Hihi Hoho Haha Hihi Hoho Haha Hihi Hoho Haha Hihi Hoho Haha Hihi Hoho
Haha Hihi Hoho Haha Hihi Hoho Haha Hihi Hoho Haha Hihi Hoho Haha Hihi
Hoho Haha Hihi Hoho Haha Hihi Hoho Haha Hihi Hoho Haha Hihi Hoho Haha
Hihi Hoho Haha Hihi Hoho Haha Hihi Hoho Haha Hihi Hoho Haha Hihi Hoho
Haha Hihi Hoho Haha Hihi Hoho Haha Hihi Hoho Haha Hihi Hoho Haha Hihi
Hoho Haha Hihi Hoho Haha Hihi Hoho Haha Hihi Hoho Haha Hihi Hoho Haha
Hihi Hoho Haha Hihi Hoho Haha Hihi Hoho Haha Hihi Hoho Haha Hihi Hoho
Haha Hihi Hoho Haha Hihi Hoho Haha Hihi Hoho Haha Hihi Hoho Haha Hihi
Hoho Haha Hihi Hoho Haha Hihi Hoho Haha Hihi Hoho Haha Hihi Hoho Haha
Hihi Hoho Haha Hihi Hoho Haha Hihi Hoho Haha Hihi Hoho Haha Hihi Hoho

Oliver Lüth

Die besten Flachwitze, Kalauer und Wortspiele für Kinder und Erwachsene

Das Witzebuch, das Spaß und intelligent macht

Mit über 30 fantastischen Illustrationen von

Susanne Bühne

Inhalt:

Dieses Buch
ist -logisch- öko-logisch:

Impressum:

Bibliografische Information der Deutschen Nationalbibliothek:

Die Deutsche Nationalbibliothek verzeichnet diese Publikation in der Deutschen Nationalbibliografie; detaillierte bibliografische Daten sind im Internet über http://dnb.dnb.de abrufbar.

© 2020 Oliver Lüth

Illustrationen: Susanne Bühne

Herstellung und Verlag: BoD – Books on Demand, Norderstedt

ISBN: 978-3-7519-8304-4

Einleitung: Lachen ist gesund, macht Spaß und intelligent

Kinder und Kind-gebliebene lieben die kurzen, einfachen Wortspiele, bei denen der Witz durch den Gleich- oder ähnlichen Klang von Begriffen entsteht. Diese Wortspiele, die zu den Kalauern gezählt werden, werden seit einigen Jahren auch Flachwitze genannt. Sie machen nicht nur Spaß, sondern trainieren dazu, genau(er) zuzuhören und „anders" zu denken. Einer der ältesten Kalauer ist vermutlich der folgende Kalauer-Kalauer:
„Welche Buchstaben sind Kalauer?" - „Die Buchstaben A bis J – weil sie auf das K(a) lauern."

Vorsicht: Wortspiele machen intelligent. Meist in Frageform gestellt- aktivieren sie das Gehirn. Zudem geben sie den unbewussten Impuls, Regeln nicht nur zu bilden, sondern auch zu hinterfragen. Auch, wenn Regel-Hinterfragen im (Schul-) System nicht immer gewünscht ist, macht dies sehr viel Sinn -auch in Bezug auf Sprache, denn die deutsche ist nicht immer logisch. Dementsprechend sind viele Wortwitze echte Original-Kinderfragen:
„Wenn in Nuss-Schokolade Nüsse sind...Was ist dann in Kinderschokolade?"

Gehirnforscher kommen immer mehr zu der Erkenntnis, dass das menschliche Gehirn dafür konstruiert ist, Probleme zu lösen. Deswegen liebt es es, Fragen zu beantworten. Und das Gehirn lernt am besten, wenn ein positives Gefühl mit „im Spiel" ist. Daher sind die Witze in diesem Buch eine tolle Möglichkeit, sich selbst und andere schlauer zu machen.
Motto: „Verschlauern mit Kalauern!"

Wichtig hierbei: Es geht eben nicht um das Auswendiglernen von vorgegebenen Lösungen, sondern um die kreative Suche nach möglichen (neuen) Antworten.

Entsprechend sollten „unerwartete" Antworten auch nicht als „falsch", sondern als „nicht die gesuchte" bewertet werden.

Heutzutage – Schule sei Dank (?) haben zu viele Menschen zu viel Angst, einen Fehler zu machen. Richtig „angewendet", können die Frage-Antwort-Spielchen dieses Buches dazu beitragen, die Angst vor Fehlern wieder zu nehmen.

Wir dürfen alle besser verinnerlichen: Jeder sogenannte Fehler ist einfach ein Lösungsversuch, der (noch) nicht zum gewünschten Ergebnis geführt hat.

Dieses Buch ist wie folgt gegliedert:

Kapitel 1: Flachwitze mit Begriffsneuschöpfungen

Diese „Gattung" ist vor wenigen Jahren entstanden und vermutlich der Grund dafür, dass Wortwitze allgemein eine Renaissance erleben. Der Witz besteht in der Ähnlichkeit der gesuchten Antworten mit existierenden Tieren, Pflanzen oder Begriffen. Beispiel gefällig?

„Was sitzt auf dem Baum und weint?" - „Die Heule".

Kapitel 2: Frage-Witze mit echten bzw. scheinbaren Ambiguitäten

Hier geht es um Doppeldeutigkeiten. Möglich werden diese Witze durch jeweils 2 Begriffe mit unterschiedlicher Bedeutung, die gleich oder ähnlich geschrieben oder ausgesprochen werden.

"Warum geht die Ziege nicht auf die Party?" - „Sie hat keinen Bock".

Kapitel 3: Lustige sprachliche Missverständnisse

In Kapitel drei wurden solche Witze kreiert und gesammelt, die durch das falsches Verständnis von Fragestellungen oder Aussagen entstehen. Viele klassische Schülerwitze fallen in diese Kategorie.

„Wenn Du mit 12 Bonbons zu Deinen Freunden läufst und unterwegs drei verlierst. Was hast Du dann?" – „Ein Loch in der Tasche".

Kapitel 4: Trennungen, die auch Muttersprachler verwirren

In diesem Abschnitt geht es um missverständlich zu lesende Wörter, mit denen sich lustige Geschichten bilden lassen, beispielsweise die mit dem Film Kokowääh2 bekannt gewordene „Du-sch-lampe".

Kapitel 5: Egal-wie-Witze

Hier finden sich die vor allem bei Jugendlichen (warum wohl?) beliebt geworden Witze der Art: „Egal, wie lahm Du bist...der Dalai ist Lama."

Kapitel 6: Einzeiler-Kurzwitze

In Kapitel 6 haben sich einige Witze versammelt, die ob ihrer Kürze einen Extra-Abschnitt verdienen, z.B. der Klassiker: Treffen sich 2 Jäger. Beide tot.

Eine Bitte noch: In diesem Buch haben sich die vielleicht witzigsten (meist) jugendfreien deutschen Sprachwitze versammelt. Also bitte nicht alle am Stück durchlesen, sondern gut rationieren, weitererzählen und genießen.

Nun aber genug der (Vor-) Worte. Die (Wort-)Spiele mögen beginnen.

Kapitel 1: Flachwitze mit Begriffsneuschöpfungen

Es geht nun in phantastische Tier-, Pflanzen- und kulinarische Welten und darum, Begriffe zu erraten, die (noch) in keinem Lexikon stehen. Dabei ist oft nur ein einziger Buchstabe anders als in unserer vertrauten Welt.

Diese Flachwitze (der Begriff steht übrigens -Stand Mitte 2020- auch noch nicht im Duden) trainieren die auditive Wahrnehmung, das visuelle Vorstellungsvermögen und bringen kinästhetische Impulse: Durch das Lachen über Aufgabe und Lösung, aber auch durch eine meist emotional geprägte Fragestellung. Empathie hilft oft dabei, die Lösung zu finden. Folgende Spielvarianten bieten sich an:

Spielvariante 1: Frage und Antwort

a) Verbale Frage, z.B. „Welcher Vogel sitzt auf dem Baum und weint?"
b) Bilder-Frage, z.B. „Was könnte das hier sein?"

Antwort: Die Heule

Spielvariante 1b setzt natürlich voraus, dass entsprechende Bilder bereits existieren. Für einige Begriffe ist dies dank wundervoller Bilder von Susanne Bühne bereits der Fall. Für andere Begriffe ist zunächst Spielvariante 3 (s.u.) zu spielen.

Spielvariante 2: Lexikon-Ergänzungen schreiben:

Hier geht es darum, kreative fiktive Wörterbucheinträge zu erfinden und den Begriff möglichst in „Lexikon-Sprache" spannend und lustig zu beschreiben. Der Fantasie sind hier keine Grenzen gesetzt.

> „Die Heule ist ein Vogel und gehört zur Familie der Eulen. Typisch für Heulen sind feuchte Augen, wegen derer sie sich hässlich findet. Als emotionale Reaktion hierauf, weint sie durchgehend. Die Heule ähnelt -abgesehen von einer weißen, taschentuchförmigen Feder am linken Flügel- äußerlich ihrem nächsten Verwandten, dem Uhu. Anders als dieser ruft sie jedoch nicht „U-Hu", sondern „Buh-Huh". Die Beute der Heule besteht aus Mäusen mit Suizid-Absicht - siehe auch „Fress-Symbiose."

Spielvariante 3: (Alternative) Bilder malen:

Das Malen witziger Bilder zu den Begriffen regt die andere Gehirnhälfte an. Es ist spannend und lustig, zu sehen, wie unterschiedlich die Bilder im Kopf sind. Die Zeichnungen können später auch für die Spielvariante 1b verwendet werden. Besonders lustig ist es, wenn der Maler einige Wochen später selbst mit Tipps nicht mehr errät, was das von ihm Gemalte eigentlich sein sollte.

„Mal' 'mal einen Kugel-Schrei-Bär!"

Welcher Nachtisch aus Obst will nicht gegessen werden?

Der Fluchtsalat

Welches fröhliche Nudelgericht tanzt reihenweise vom Teller?

Die Spaghetti Polonaise

Welches gesunde Grundnahrungsmittel ist dauernd beleidigt?

Das Schmollkornbrot

Welches nette Grundnahrungsmittel bringt der Oma einen Korb?

Das Brotkäppchen

Welches Waldgewächs hüpft freudig durch die Gegend?

Der Jump ignion

Welcher herbstliche, kugelige Baumsamen will aus dem Gefängnis?

Die Knastanie

Welche kräftige Nektar-Sammlerin erstaunt fliegend die Wissenschaft?

Die Pummel

Welche grüne Frucht fliegt summend von Blüte zu Blüte?

Die Birne Maja

Welcher Salzwasserfisch weint ständig, obwohl er nicht kaputt ist?

Der Heulbutt

Welche Obstsorte vertraut auf Gott und kommt in den Himmel?

Die Frommbeere

Welches saure Gemüse war eingemacht und gehört eingelocht?

Der Gewürzschurke

Welcher süße Stimmungsaufheller läuft regelmäßig lange Strecken?

Die Joggolade

Welche saure Zitrusfrucht fliegt mit Propellern durch die Luft?

Die Zi-drohne

Welche süße Zitrusfrucht liebt es, weite Strecken zu Fuß zurückzulegen?

Die Wanderine

Welches Gemüse steht vor der Tür und möchte gerne rein?

Der Kopfsalat

Welcher Vogel steht cool auf dem Baum herum und winkt?

Der Huhu

Welche Teigzutat kann besprochen und abgehört werden?

Die Mehlbox

Welches Gemüse hört bobachtet andere oder hört sie ab?

Der Spionat

Was liegt am Strand und redet undeutlich?

Die Nuschel

Wer hat Schnupfen und liegt traurig daneben?

Die Nies-muschel

Welches junge Schweineweib ist halb Fisch und lebt im Ozean?

Die Meerjungsau

Welches dicke ägyptische Wassertier hat eine Augenfehlstellung?

Das Schielpferd

Welches niedliche Tier sitzt auf dem Feld und raucht?

Das Kaminchen

Was ist weiß, wollig und liegt schnarchend auf der Wiese?

Ein Schlaf

Welches freundliche, lilafarbene Gemüse behütet fremde Kinder?

Die Au-pair-ğine

Welches französische Sauermichprodukt macht respektlose Scherze?

Die Crème frech

Welches gefüllte, konservierte Nahrungsmittel hört dauernd Musik?

Die Radioli

Welcher lustige Fisch macht ständig Klingelstreiche?

Der Schellfisch

Huch, den Schellfisch gibt es ja wirklich. So ähnlich. Auch andere Tiere sehen in unseren Paralleluniversen möglicherweise ganz anders aus….

Dieses Tier spielt gerne mit bunten Glaskugeln.

Das Murmeltier

Diese Tiere spielen gerne mit Hausschuhen.

Die Pantoffeltierchen

Viel Spaß beim Malen und lexikonmäßigen Erklären der folgenden Begriffe:

Was ist groß, braun, gefährlich und hat eine schmierige, undeutliche Handschrift?	Der Kritzli-Bär
Was ist weiß, fettig und fliegt von Blüte zu Blüte?	Biene Mayo
Welche rote Frucht steht mit Geweih im Wald?	Der Kirsch
Welcher Flachfisch liegt am Meeresboden und ist dauernd beleidigt?	Die Schmolle
Welcher Menschenaffe schützt sich ängstlich vor Nässe von oben?	Der Schirmpanse
Welcher süße Dschungelbewohner schwingt sich von Torte zu Torte?	Der Tarzipan
Welches achtarmige Meerestier kann super gut addieren?	Der Oktoplus
Welches behaarte Tier lebt im Wald und brüllt „Kugel, Kugel, Kugel"?	Der Kugel-schrei-bär
Welches behöckerte Tier ist viel zu süß?	Das Karamel

Welches Beuteltier hängt am liebsten am Baum?	Das Hänguruh
Welches Grundnahrungsmittel fährt verschneite Hänge hinunter?	Das Snow-Brot
Welches Grundnahrungsmittel kann im Wasser abtauchen?	Das U-Brot
Welches Lebensmittel kommt aus der Erde und stinkt ganz widerlich?	Das Furzelgemüse
Welches Rüsseltier ist total unwichtig?	Der Irrelefant
Welches Rüsseltier redet gern mit weit entfernten Gesprächspartnern?	Der Telefant
Welches Springtier hüpft happy von Grashalm zu Grashalm?	Die Freuschrecke
Welches süße Gartentier ist auch ein arabisches Stammesoberhaupt?	Das Scheichhörnchen
Welches Tier schwimmt im Wasser und liebt es, Autos zu frisieren?	Der Tune Fisch

Kapitel 2: Frage-Kalauer

Echte Ambiguitäten (für Latein-Liebhaber) bzw. echte Amphibolien (für die, die mehr auf Alte-Griechen-Sprache stehen) sind Mehrdeutigkeiten -u.a. von Wortteilen, Wörtern oder Sätzen. Sind diese witzig, liegt einen Kalauer vor. Doppeldeutige Wörter nennt man auch Teekesselchen [Schloss-Schloss etc.].

Der Umgang mit Ambiguitäten hilft dem Gehirn, aktiv zu bleiben. Fast jeder erinnert sich an Momente in der Schule, wenn plötzlich alle hellwach waren, weil der Lehrer etwas sagte, was in anzüglicher Weise doppelgedeutet hätte werden können. Und dann eben auch wurde.

Durch Ambiguitäten lernt unser Gehirn etwas ganz Wichtiges: Es gibt meist mehrere Lösungen/Deutungen und es ist nicht immer alles so eindeutig, wie es scheint oder dargestellt wird[1]. Dies verinnerlicht zu haben, ist wohl die wichtigste Voraussetzung für Respekt für und Toleranz gegenüber anderen Meinungen, Sichtweisen, Kulturen etc...

Bei Witzen, die mit diesem Effekt spielen, handelt es sich oft nicht um echte Ambiguitäten, sondern nur um gleichklingende (homophone) oder ähnlich klingende (homoiophone) Begriffe oder Ausdrücke.
„Was sagt der große Stift zum kleinen Stift?" - "Wachs mal Stift!"

Es lohnt sich, beim Spiel mit diesen Frage-Witzen ab und an „Muster-unterbrecher" einzubauen: Fragen, bei denen die Lösung „zu einfach" ist, z.B. „Wie nennt man ein Boot ohne Leine?" - "Auch Boot".

Auf diese Weise lernt das Gehirn, etwas Wichtiges im Hinterkopf zu behalten: „Oft ist die Lösung für ein Problem viel leichter, als man zunächst dachte".

Es gilt zu variieren und Flexibilität zu trainieren. Viel Spaß!

---

[1]Politiker haben oft andere Interessen: Die Aussage: „Diese Entscheidung ist alternativlos" soll Wähler-Gehirne dazu veranlassen, die Suche nach alternativen/besseren Lösungen einzustellen. „Hört auf, zu denken", wäre eine ehrlichere Formulierung. Das Adjektiv „alternativlos" wurde von der Gesellschaft für deutsche Sprache nach intensiver bundeskanzlerinnerischer Nutzung richtigerweise zum „Unwort des Jahres 2010 gewählt". Und es hat uns eine neue Partei beschert. -> Bitte nicht auf so etwas hereinfallen, sondern das Hirn anlassen, hinterfragen und denken!

Manche Leser finden, politische Kommentare sollten nicht in ein Witzebuch? Das stimmt natürlich grundsätzlich. Und leider gab es hier keine andere Lösung.

Von welchem Partner träumt die Katze?	Vom Muskelkater
Warum geht die Ziege nicht mit auf die Party?	Sie hat einfach keinen Bock
Warum haben Mathelehrer oft etwas pummelige Frauen?	Sie stehen eben auf Kurven
Warum können Bienen so gut rechnen?	Sie beschäftigen sind den ganzen Tag mit Summen
Warum sieht man in Kirchen nie Ameisen?	Die sind alle In-Sekten
Warum sollte man Halstücher nur mit Soße essen?	Das schmeckt sonst zu Schal
Warum trinken Veganer kein Leitungswasser?	Weil es aus dem Hahn kommt
Warum verlieren Gespenster immer beim Pokern?	Sie sind zu leicht zu durchschauen
Was essen Piraten am liebsten?	Kapern
Was is(s)t der Papst am liebsten?	Papst

Was ist aller Laster Anfang?	Die Stoßstange
Was ist das Gegenteil vom Heilbutt?	Kaputtbutt
Was ist das Gegenteil von Frühlingserwachen?	Spät rechts einschlafen
Was ist das Gegenteil von Katalog?	Kata sagte die Wahrheit
Was ist das Gegenteil von Reformhaus?	Reh hinterm Haus
Was ist ein Cowboy ohne Pferd?	Ein Sattelschlepper
Was macht der Pirat am Computer?	Er drückt immer die Enter-Taste
Was macht ein Clown im Büro?	Faxen
Was passiert, wenn 2 Glühbirnen miteinander durchbrennen?	Das Licht geht aus
Was passiert, wenn man zu oft Cola mit Bier trinkt?	Man cola biert
Was sagt der große Stift zum kleinen Stift?	Wachs mal Stift!

Was sagt der Rasenmäher zum Schaf?	Mäh doch selbst!
Was sagt der Seemann, wenn er getrocknetes Gras sieht?	Ah-Heu
Was sagt die Holzwurm-Mutter abends zu den Kindern?	Ab ins Brettchen
Was sagt ein Gen, wenn es einem anderen begegnet?	Hallo gen
Was steht auf dem Grabstein der Kuh?	Sie hat ins Gras gebissen
Welche Handwerker essen am meisten?	Maurer. Die verputzen sogar ganze Gebäude
Welche Tiere wissen immer genau, wie spät es ist?	Die Urzeitkrebse
Welche Tomaten geben Dir Bares?	Geldau-tomaten
Welche Vögel hören nichts?	Die tauben
Welchen Tiernamen kann man mit nur einem Buchstaben schreiben?	Q

Wen fragt die Frau am besten „Wie sehe ich aus?"	Den Hund. Der sagt immer „Wau"
Wer wirft nur so mit Geld um sich?	Der Scheinwerfer
Wer wohnt im Dschungel und schummelt immer beim Spielen?	Mogli
Wie begrüßen sich plastische Schönheitschirurgen?	Was machst Du denn heute für ein Gesicht?
Wie heißen die Blätter, die von Urwald-Bäumen fallen?	Urlaub
Wie heißt ein Keks an der Börse?	Spekulatius
Wie heißt ein ungetaufter Lüneburger?	Lüneburger Heide
Wie hieß der Bruder von Elvis?	Zwölvis
Wie ist der Vorname vom Reh?	Kartoffelpü
Wie nannte man früher die Ritter ohne Kopfbedeckung?	Will helm
Wie nennt man das, wenn man als Reh wiedergeboren wird?	Reh-Inkarnation

Wie nennt man eine Gruppe von jugendlichen Wölfen?	Wolfgang
Wie nennt man einen Mann, der Schafe verprügelt?	Mäh-Drescher
Wie nennt man einen sehr kleiner Türsteher?	Sicherheitshalber
Wohin geht das Reh mit Haarausfall?	In die Rehhaarklinik
Wohin gehen Kiefern mit Rücken-schmerzen?	Zum Kieferorthopäden
Wo gehen Bäume am liebsten essen?	Im Stammlokal
Wo leben die meisten Gespenster?	In Buhdapest
Wo machen Kühe Urlaub?	Auf Kuhba
Wo machen Schornsteinfeger Urlaub?	In RußLand
Wo wohnen Katzen am liebsten?	Im Miezhaus
Wohin geht der Wal zum Essen?	Ins Wa(h)llokal

Musterunterbrecher - Witze

Wie gesagt, sollten die folgenden Frage-Witze als Musterunterbrecher zwischen „ernsthaften" Spaßfragen einbaut werden. Der Witz liegt in der Überraschung, wie einfach die Lösung ist. Sich solche Fragen und Antworten auszudenken, kann viel Spaß machen. Ich hab's probiert!

Manche finden das nicht so witzig. Andere schon. Anders sein ist toll.

Bei dieser Gelegenheit noch eine Bitte: Es wird viel zu wenig gelacht in dieser Welt. Daher bitte nie auf Witze reagieren mit „Äh, denn kenn ich schon", „Der ist ja so alt, der hat schon einen Bart" oder ähnliches. (Auch über Freunde, Partner, Eltern etc. sollte man übrigens nicht so reden). Also lieber den Anderen den Spaß lassen und sich vom Lachen anstecken lassen. Wissenschaftliche Langzeitstudien ergaben übrigens zur Überraschung der Professoren: Witzige/lachende Menschen sind viel beliebter als „Klugscheißer" [-].

Was fängt mit Z an und kann schwimmen?	Zwei Enten
Was hat 4 Beine und 4 Flügel?	Zwei Enten
Was ist ein Hund ohne Essen?	Hungrig
Was ist weiß, kalt und fällt im Winter vom Himmel?	Schnee
Was ist klein und drückt am Fuß?	Ein zu kleiner Schuh
Was ist, wenn der Bäckermeister in den Schnee fällt?	Winter

Was macht Tick-Tack und wenn's herunterfällt, ist die Uhr kaputt?	Die Uhr
Was passiert, wenn Du einen blauen Fußball nach oben wirfst?	Er fällt wieder runter
Was passiert, wenn Du einen Porsche ohne Motoröl fährst?	Der Motor geht kaputt
Was passiert, wenn man einen weißen Schuh in den Matsch wirft?	Er wird dreckig
Was passiert, wenn sich zwei Berge berühren?	Nichts
Was sagt der Cowboy, der sein Pferd sucht?	„Wo ist mein Pferd?"
Wie heißt das Weiße im Vogel-A-A?	Auch Vogel-A-A-
Wie kommt ein Lurch aus dem Wasser?	Nass
Wie nennt man den Pups einer Kuh?	Kuh-Pups
Wie nennt man den Stall von einem Pferd bei Sonnenaufgang?	Pferdestall
Wie nennt man ein Boot ohne Leine?	Boot

Kapitel 3: Lustige sprachliche Missverständnisse

Die folgenden Wortwitze beruhen auf lachenswerten Fehlern und Mist-verständnissen. Oft -aber nicht immer- sind die Ursachen unsere geliebten Ambiguitäten. Daher fallen in diese Kategorie auch die klassischen „Schüler-witze", bei denen die Fragen oder Aussagen des Lehrers (un-?) absichtlich falsch verstanden wurden. Auch viele Blondinen-Witze, auf die hier natürlich -politisch korrekt- verzichtet wurde, fallen in diese Kategorie.

Dunkel-Haarige zur Hellhaarigen: „Feuer mal den Kamin an!"
Hellhaarige: „Los Kamin, los! Du schaffst das, Weiter so!"
Dunkel-Haarige: „Nein, Du sollst ihn anmachen!"
Hellhaarige: „Ach so. Na Kamin, so allein hier? Heute Nacht schon was vor?"

Hellhaarige Frau: „Was machst Du denn beruflich?"
Mann: „Ich mache Schlüssel nach."
Frau: „Klingt spannend. Und wie machen Schlüssel denn so? Zeig doch mal!"

Erstklässler: „Mama, morgen ist keine Schule. Der Lehrer verreist."
Mutter: „Das kann ich mir nicht vorstellen."
Erstklässler: „Doch, er sagte: Für heute ist Schluss mit dem Unterricht;
morgen fahre ich dann fort."

Gast: „Herr Ober, wir möchten bitte zahlen."
Ober: „Sehr gerne: 1, 17, 24, 39, 44 und 47."

Gast: „Herr Ober, an unserem Tisch sind keine Stühle!"
Ober: „Sie hatten ja auch nur einen Tisch reserviert."

Gast: „Das Steak ist verbrannt. Holen Sie den Chef. So etwas esse ich nicht!"
Ober: „Glauben Sie mir: Der Chef isst das ganz sicher auch nicht."

Kunde: „Das ist eine tolle Angel zu dem Preis. Gibt es da einen Haken?"
Verkäufer: „Ja, es gibt keinen Haken."

Hund zum anderen: „Ich bin adelig. Mein Name ist Gundo-Theodor vom Scharmützelsee."
Anderer Hund: „Oh, dann bin ich wohl auch adelig. Herrchen ruft mich immer: „Bello - Runter vom Sofa""".

Kiosk-Kunde: „Bitte einen von den Schoko-Riegeln mit dem Löwen."
Verkäufer: „Lion?!"
Kunde: „Ne, nicht leihen. Kaufen."

McDonalds-Kunde: „Bitte so einen Mac Huhn Burger."
McDonalds-Mitarbeiter: „Chicken?!"
Kunde: „Ne, nicht schicken. Gleich zum Mitnehmen."

Direktor zum Schüler im Treppenhaus: „Oha! 10 Minuten zu spät!"
Schüler: „Ich auch."

Lehrer: „Alex, hast Du in letzter Zeit mal ein Bad genommen?"
Alex: „Wieso? Fehlt eines?"

Lehrer: „Rina, warum fliegen manche Vögel im Winter gen Süden?"
Rina: „Zum Laufen ist es ihnen vermutlich zu weit."

Lehrer: „Carolina, wann wurde Rom erbaut?"
Carolina: „In der Nacht."
Lehrer: „Wie kommst Du denn darauf?"
Carolina: „Na, dazu gibt es doch sogar ein Sprichwort: Auch Rom wurde nicht an einem Tag erbaut."

Lehrer: „Constantin, was heißt Glocke auf Englisch?"
Constantin „Keine Ahnung."
Lehrer: „Bell!"
Constantin: „Wau wau wau."

Lehrer: „Oh ein neuer Schüler. Wie heißt Du denn"?
Schüler: „Maxi."
Lehrer: „Und Dein Alter?"
Maxi: „Der heißt Oliver."

Lehrer: „Und, Maxi, was ist Dein Vater?
Maxi: „Erkältet."
Lehrer: „Nein, ich wollte wissen, was er macht!?"
Maxi: „Er liegt im Bett."

Lehrer: „Christopher, nenne mir einen großen Dichter der Antike?"
Christopher: „Achill."
Lehrer: „Achill war doch kein Dichter."
Christopher: „Aber es gibt doch die Achillesverse?!"

Lehrer: „Was ist die Steigerung von leer?"
Schüler: „Vermutlich Lehrer."

Lehrer: „Wo wurde 1919 der Friedensvertrag unterschrieben?"
Schüler: „Vermutlich unten rechts."

Lehrer: „Ich hoffe, ich erwische Dich nie wieder beim Abschreiben."
Schüler: „Ja, das hoffe ich auch."

Lehrer: „Was weißt Du über die alten Römer?"
Schüler: „Die sind nicht nur alt. Die sind sogar schon tot."

Lehrerin: „Wenn ich sagte „Ich bin schön" – welche Zeit wäre das?"
Schüler: „Auf jeden Fall Vergangenheit."

Lehrer: „Was ist 13 Mal 17?"
Schüler: „Eine für mich noch zu schwere Rechenaufgabe."

Lehrer: „Weißt Du, wie lange Fische so leben?"
Schüler: „Klar. Genauso lange, wie kurze Fische."

Lehrer: „Welche Erfindung hat Carl Benz gemacht?
                              Tipp: Hat mit Fahrzeugen zu tun."
Schüler: „Vermutlich Benz-in."

Lehrer: „Wie konntest Du nur Fisch mit V schreiben?"
Schüler: „Ganz normal – mit dem Füller."

Lehrer zum zu-späten Schüler: „Wo kommst Du denn her?"
Schüler: „Von draußen."

Lehrer: „Achtung: Eine Dose Cola hat über 200 Kalorien?"
Schüler: „Macht nix. Die Dose esse ich ja nicht."

Mann: „Schatz, mit der neuen Brille gefällst du mir gar nicht mehr."
Sie: „Aber ich habe doch keine Brille auf."
Mann: „Ja stimmt, aber ich."

Mann: „Entschuldigung. Ich suche dringend eine Toilette."
Passant: „Klar entschuldige ich. Suchen Sie ruhig weiter..."

Mann auf der Straße: „Können Sie mir bitte sagen, wie ich zum Konserva
                              torium komme?"
Angesprochener Passant: „Üben, üben, üben!"

Mann beim Metzger: „2 Pfund Hackfleisch, bitte."
Metzger: „Das wurde schon lange geändert. Das heißt jetzt Kilo."
Mann: „Na gut, dann bitte 2 Pfund Kilo."

Mann: Meine Frau sagt ständig „Du Hengst" zu mir."
Freund: „Echt? Ich dachte, Ihr habt eine Krise. Wann denn zuletzt?"
Mann: „Gerade gestern. Da sagte sie „Du hengst nur noch auf dem Sofa rum".

Ober: „Alles zur Zufriedenheit? Wie fanden Sie Ihr Schnitzel?"
Gast: „Och, ganz zufällig unter einem Salatblatt."

Ober: „Hatten Sie Barsch bestellt?"
Gast: „Nein, eigentlich ganz höflich."

Religionslehrer: „Johannes, betet Ihr auch immer vor dem Essen?"
Johannes „Nicht nötig; Mama kocht eigentlich ziemlich gut."

Schülerin: „Mama, von den 14 Mädchen in meiner Klasse ist nur 1 Jungfrau."
Mutter: „Oh Gott! Dann ist das doch kein guter Umgang für Dich! "
Schülerin: „Na gut; dann hänge ich halt mit den Waagen, Fische und so ab.. "

Student in der Mensa: „Herr Professor, darf ich mich zu Ihnen setzen?"
Professor: „Adler und Schweine speisen normalerweise nicht zusammen."
Student: „Na gut, schon verstanden. Dann fliege ich halt weiter".

Schild an den Garderobenhaken vorm Lehrerzimmer: „Nur für Lehrer!"
Ergänzung darunter: „Und Sie dürfen auch gerne Ihre Mäntel aufhängen."

Schild vor Schule: „Verkehrsberuhigte Zone. Bitte keine Kinder überfahren."
Ergänzung darunter: „Zielen Sie lieber auf die Lehrer."

Schüler: „Kann man in Deutschland für etwas bestraft werden, was man
nicht gemacht hat?"
Lehrer: „Natürlich nicht!"
Schüler: „Gut, dass ich erst gefragt habe. Es geht um die Hausaufgaben."

Schüler: „Mein Vater hat einen tollen Beruf. Er ist Star-Fotograf."
Mitschüler: „Und kaufen viele Leute die Bilder von den ollen Vögeln?"

Schüler: „Wirst Du auch in der Schule gemobbt?"
Mitschüler: „Ne, ich wasche mich zuhause selbst"

Freund zu Freundin: „Meine Schwester ist gestern von einem 15 Meter
hohen Baum gefallen."
Freundin: „Oh je, hat sie sich schwer verletzt?"
Freund: „Ne gar nicht. Sie war ja nur knapp einen Meter hochgekommen".

Sohn: „Papa, draußen sind Leute, die sammeln für das neue Freibad."
Vater: „Ja, das unterstützen wir unbedingt. gib ihnen 2 Eimer Wasser mit!"

Sohn zum Papa: „Hallo, ich bin hungrig!"
Papa: „Hallo Hungrig, ich bin Oliver. Sag bitte einfach Papa zu mir."

Sohn: „Papa, gib mir eine Waffel!"
Vater: „Ne; da fehlt das Zauberwort mit 2 T. Versuch's nochmal!"
Sohn: „OK! Papa, gib mir flott eine Waffel!"
Vater: „Ne, das andere Zauberwort mit 2 T." Versuch's nochmal!"
Sohn: „OK! Papa, gib mir jetzt eine Waffel!"

Sohn: „Papa, draußen ist jemand, der sammelt für das Kinderheim."
Vater: „Oh, das ist ja toll. Wenn Du willst, geh gerne mit."

Wolfshund: „Ich bin ein Wolfshund. Mama Wolf und Papa Hund. Und Du?"
Ameisenbär: „Ich bin ein Ameisenbär."
Wolfshund: „Hahaha, sehr witzig. Und veräppeln kann ich mich selbst."

Zahnarzt: „Sie brauchen eine Krone."
Patient: „Sie sind phantastisch. Endlich jemand, der mein Potential erkennt."

Kapitel 4: Trennungen, die auch Mut-tersprachler verwirren

Der Witz entsteht in dieser Kategorie durch eine unklare bzw. falsche Trennung der Wörter, die zu Missverständnissen führt (Du-schlampe, Musi-knoten). Und einige der Wörter sind auch ohne falsche Trennungsstriche selbst für Muttersprachler auf den ersten Blick nur schwer zu lesen.

Auch hier gibt es wieder unterschiedliche Spielarten:

Spielvariante 1: Richtig Lesen

„Kannst Du folgende 10 Begriffe in 10 Sekunden richtig lesen?"

Spielvariante 2: Verwirrende Tipps ausdenken

Hier geht es darum, witzig-komplizierte hilfreiche (?) Tipps für die Begriffe zu finden. Es dürfen hierbei neue Wörter kreativ kreiert werden, welche unsere schöne Sprache ergänzen. Es geht nicht unbedingt darum, sofort Aufnahme in den Duden zu finden, sondern viel Spaß zu habe, z.B. Ei-stempel = Frostiges Götteranbetungsgebäude. Die Umschreibungen -einige Vorschläge sind schon da, lassen sich auch nutzen, um die umschriebenen Begriffe direkt zu raten.

Spielvariante 3: Verwirrenden Geschichten ausdenken

Bei dieser Variante besteht die Aufgabe darin, aus den gegebenen Wörtern eine noch schwerer zu lesende, möglichst spaßige und idealerweise irre-(führende) Geschichte zu bilden, die dann der Andere vorlesen darf, z.B.:

> Ich liebte die Besuche bei Oma Henriette. Nicht nur wegen der Spargel-der, die ich zusteckt bekam... Trinken und Essen war Oma wichtig. Kir-schwein gab oft- Für mich als Tee nager cool. Oma machte auch tolle He-ringe. Echt Weltklasse - ebenso wie der Lachs auf lauf und die Polen-tataler. Da ich mein Zimmer selbst putzen sollte, gab es immer Stau-becken im Kinderzimmer. Ich trat aber nie hinein. Warum? Mein Urin-stinkt, meinte Oma. Wald am eisen gab es aber überall. Omas Hei matschlager lockten sie wohl an. Leider hatte sie keine richtigen Hau-stiere. Dafür zeigte mir (ich war 12!) der süße Bäckerjunge die Brother-stellung. Inzwischen mag ich lieber Amerikaner und habe 2 Staat sex amen...

Begriff	Tipp
Alle-in-gang	Ohne-ande-reaktion
Alt-bauch-arme	Ruinenschönheit
Anzug-leichen	Unterschiedlichkeiten wegnehmen
Ball-ade	Singgedicht
Baumen-taster	Waldgewächsarmabschneider
Blumento-pferde	Grünpflanzenherauswachsboden
Brathe-ringe	Gebratener Reichskanzlerlieblingsfisch
Brother-stellung	Bäckerfünfuhrmorgensbeschäftigung
Du-schlampe	Mit-Wasser-Saubermach-Bereich-Leuchte
Eid-otter	Hühnerbaby-noch-in-Schale-Gelbes
Ei-stempel	Frostiges Götteranbetgebäude
Gas-traum	Zahlende-Besucher-Verpflegungszimmer
Geld-au-tomaten	Bankguthabenwiederausgabegerät
Golden-gelchen	Beflügelte Edelmetallhimmelsfigur
Hau-stier	Unmenschlicher Hausgenosse
Hei-matsch lager	Auditiv-schmalziger Herkunftserinnerer
Hoffen-sterchen	Zum-.auf-Freifläche-gucken-Loch-im-Haus

Hol-länder	
Host-essen	
Kir-schwein	
Kran-ich	
Kun-stuten-silien	
Kurs-aal	
Kreisch-or-verband	
Lach-sauf-lauf	
Mensch-enge-menge	
Minister-eo-anlage	
Musi-knoten	
Müller-zeugung	
Mus-tang	
Nach-truhe	
Nacht-ti-schlampe	
Paten-trichter	
Pati-enten	
Rind-erdung	

Rotz-eder	
Schulz-immer	
Schwer-starb-eiter	
Spargel-der	
Staat-sex-amen	
Stau-becken	
Stromer-zeugung	
Tal-entförderung	
Tee-nager	
Torf-laute	
Urin-sekten	
Urin-stinkt	
Verkauf-shit	
Vers-endung	
Vorm-arsch	
Wachs-tube	
Wald-am-eisen	
Wüst-eng-eier	

Kapitel 5: Egal-wie-Witze

Die Egal-wie-Witze sind eine relativ neue Gattung von Wortwitzen. Auch hier geht es letztlich wieder um klangliche Ähnlichkeiten – diesmal von Begriffen oder gesteigertem Adjektiven mit in der Regel bekannten Persönlichkeiten.

Je nach Altersgruppe und Vorbildung sind möglichweise Nachforschungen nötig, um herauszufinden, was es mit diesen „Persönlichkeiten der Weltgeschichte" auf sich hat...

Egal, wir toll Dein neuer Bowling-Kumpel ist...Ich geh mit Dieter Bohlen.

Egal, wie und was für Obst Du isst...Kai ist Pflaume.

Egal, wie albern Du bist...Fast drei Millionen Menschen sind Albaner.

Egal, wie alte Fotos Du noch hast...Cameron hat noch Diaz.

Egal, wie breit Du bist...Paul ist Breitner.

Egal, wie cool Du bist...Coca ist Cola.

Egal, wie chillig Du bist...Friedrich war Schiller.

Egal, wie dicht Du bist...Johann Wolfgang von Goethe war Dichter.

Egal, wie deutsch Du bist...Drafi ist Deutscher.

Egal, wie dürr Du bist...Albrecht war Dürer.

Egal, wie forsch Du bist...Charles Darwin war Forscher.

Egal, wie gut es Dir geht...Bill Gates besser.

Egal, wie hell Du bist...Von Sinnen ist Hella.

Egal, wie in Du bist...Über 1 Milliarde Menschen sind Inder.

Egal, wie jung Du bist... Jesus' Kumpels waren Jünger.

Egal, wie lahm Du bist...Der Dalai ist Lama.

Egal, wie lang Du bist...Bernhard ist Langer.

Egal, wie laut Du Bach hörst...Heiner hört Lauterbach.

Egal, wie laut Du bist...Niki war Lauda.

Egal, wie leer Du bist...Es gibt ganz ganz viele, die sind Lehrer.

Egal, wie neu Du hier bist...Manuel ist Neuer.

Egal, wie rein Du bist...Calmund ist Reiner.

Egal, wie schwarz Du bist...Alice ist Schwarzer.

Egal, wie sehr Du Jungfrau bist...Arielle ist Meerjungfrau.

Egal, wie still Du bist...die Sportfreunde sind Stiller.

Egal, wie viel Curry Du isst...Freddy ist Mercury.

Egal, wie viel Zucker Du hast...Facebook hat Zuckerberg.

Egal, wie viele CDs Du hast...Carl Benz hatte Mercedes.

Egal, wie lange Du keine Arbeit gefunden hast...Steve hat Jobs.

Egal, wie viele Türen Du hast...Die Taliban haben Märtyrer.

Egal, wie viele Zehner Du hast...Theo hat Zwanziger.

Egal, wie voll Du bist...Rudi ist Völler.

Egal, wie viel Du egal von wovon hast...Am Strand ist Meer.

Egal, wie und wo Du Präsident wirst...Stephen ist King.

Kapitel 6: Kurzsprachwitze

Die folgenden Kurzwitze, die mit nur einer Zeile auskommen, haben ein Extrakapitel verdient. Sie sind besonders geeignet für spracheffiziente Witzeerzähler.

„Oh, hast Du Dich verschluck?" – „Nein, ich bin noch da."

Bei Adidas wurde eingebrochen. Die Polizei schickte drei Streifen.

Die ganze Schleichwerbung hier im Buch wird mir langsam echt zu Fiel mann.

Der Pickel ist traurig. Seine bester Freund ist abgekratzt.

Ein Komma kann Leben retten, z.B. „Wir essen jetzt, Papa."

Fragt eine Kerze die andere: „Was machst Du heute?" - „Ich gehe aus."

Magnetin zum Magnet: „Ich weiß gar nicht, was ich heute anziehen soll."

Geisterfahrer sind immer sehr entgegenkommend.

Hab' eben einem auf den Fuß getreten. So einem Hipster. Jetzt hopst er.

Ich kann nicht lügen. Ich bin schwindelfrei.

Ich bin aus dem Töpferkurs geflogen. Ich hatte mich wohl im Ton vergriffen.

Ich habe versucht, Spiderman anzurufen. Aber der hatte gerade kein Netz.

Ich habe bei Weight-Watchers angerufen. Hat aber keiner abgenommen.

Ich habe den Joghurt fallen lassen. Der war einfach nichtmehr haltbar.

Ich liebe Bahnfahren. Da übe ich, mein Leben in vollen Zügen zu genießen.

Ich traf neulich einen Mikrobiologen. Die sind viel größer, als ich dachte.

Geht der Cowboy zum Friseur. Kommt er wieder raus. Ist sein Pony weg.

Kerze zu anderen „Ist Wasser gefährlich?"– „Davon kannst Du ausgehen!"

Kommt ein Huhn in eine Bar und sagt: „Ein Korn bitte."

Kuh zum Polizisten „Kennst Du meinen Mann? Der ist auch Bulle."

Lieber arm dran als Arm ab.

Lieber die Stumme im Arm als die Taube auf dem Dach.

Mein Opa läuft immer im Dreieck. Diagnose: Kreislaufprobleme.

Mit seinem dicken Bizeps zu prahlen, ist echt oberarm.

Sag mal, ist der Fisch immer so nervig? Ja, das ist ein Stör.

Sagt eine Wolke: "Mich juckt's". Die andere: "Da ist ein Wolkenkratzer."

Treffen sich 2 Fische: Sagt der eine „Hi!". Sagt der andere „Wo?"

Treffen sich 2 Taschendiebe: „Wie läuft's?" – „Na ja, wie man's nimmt."

Treffen sich 2 Zapfsäulen. „Wie geht's"-„Normal- und Dir?"-„Super."

Treffen sich 2 Wellen. Sagt die eine: „Ich muss gleich brechen."

Was fliegt durch die Luft und macht Mmus Mmus? Biene im Rückwärtsgang.

Schlusswort: Ihr/Dein Feedback hat mir zum Glück noch gefehlt.

Die Buchschöpfer:

<u>Die Illustratorin:</u>

Susanne Bühne wohnt in Aurich und ist die wahrscheinlich lustigste Künstlerin Ostfrieslands mit 5 tollen Kindern.

Sie malt so schöne Bilder, dass sie sie oft nicht verkaufen mag.

Susanne Bühne hat einen super-witzigen Schwiegersohn (s.u.).

Susanne Bühne
(karikiert von Susanne Bühne)

<u>Der Autor:</u>

Oliver Lüth wohnt in Stralsund und ist der wahrscheinlich witzigste Professor des Nordostens mit 6 tollen Kindern.

Er liebt seine lustige(n) Frau, Kinder und Witze.

Er wird im nächsten Leben Comedian - wenn er es nicht schon wieder vergisst.

Oliver Lüth hat eine super-lustige Schwiegermutter (s.o.).

Oliver Lüth
(karikiert von Susanne Bühne)